AF320759

M. LE COMTE DE MAILLY,

Ancien Pair de France, Lieutenant-Colonel de cavalerie en retraite, Ancien aide-de-camp du duc de Berry et du duc de Bordeaux, Marquis de Nesle et de Joyeuse-Garde en Provence, premier Marquis de France, Comte de Châlons et de Joigny, Prince d'Orange et de Lisle Montréal, Seigneur de Sedziszow et autres lieux dans l'empire d'Autriche ; premier Chanoine d'honneur héréditaire de la cathédrale de Perpignan, ancien Membre du conseil-Général de la Sarthe ; ancien Président des colléges électoraux du Mans et de la Sarthe, ancien Maire de Pontvallain (Sarthe) ; Commandeur-né de l'Ordre militaire et hospitalier de Saint-Jean-de-Jérusalem, Officier de la Légion-d'Honneur, etc., etc., etc.

Nous avons publié, au moment même où tant d'hommes semblaient trembler devant une démagogie effrénée qui osait prophétiser l'avènement du vice le plus hideux, les réflexions qui suivent. Comme elles nous ont valu de nombreux témoignages d'une sympathie qui a comblé notre âme d'une joie bien pure, nous avons la douce conviction qu'elles obtiendront un nouveau succès, en les plaçant en tête d'une notice, sur une famille que la France a raison de vénérer.

Quand le principe religieux et le principe monarchique florissaient dans notre France, l'honneur était tout-puissant sur les âmes ; elles étaient attachées aux lois, dévouées à la patrie, fidèles au prince, et les peuples vivaient aussi heureux qu'il est donné à l'homme de l'être sur la terre. Mais quand une philosophie athée et révolutionnaire eut ébranlé toute foi, toute croyance, et que la Révolution, fille impure de cette philosophie, eut achevé son malheureux ouvrage en renversant nos antiques institutions, alors les caractères, livrés à toutes les mauvaises passions, perdirent leur ancienne élévation, leur ancien désintéressement, et l'on vit de lâches défections, de honteuses apostasies, d'indignes violations de tous les devoirs. On sait trop les excès et les malheurs qui sortirent de cet abaissement moral, de cet oubli de la dignité humaine. Heureusement, Dieu a permis qu'au milieu de ce débordement d'impuretés et de perversités, il surgît quelques belles âmes qui, par leurs vertueux exemples, édifièrent le monde comme celles dont nous allons esquisser *l'invariable pureté.*

Avant de parler de l'homme auquel nous consacrons cette notice, on nous saura gré sans doute de faire précéder sa vie d'un aperçu historique sur sa noble maison.

La maison de Mailly descend directement des anciens comtes de Dijon, qui provenaient des comtes d'Outre-Saône ou de Haute-Bourgogne, issus du célèbre Otto-Guillaume. Les premiers écrivains burghonds et autres chroniqueurs de la France orientale, font remonter l'origine de ce prince à la dynastie mérovingienne. Les annalistes italiens ajoutent qu'Adalbert, son père, et Uldéric, son aïeul, avaient à peu près délaissé leur souveraineté transjuranne, le grand héritage des forestiers de Flandre, et le reste de leurs possessions cisalpines, afin d'aller régner sur le duché de Lombardie, le comté de Spolette et le marquisat d'Yvrée, qui leur étaient échus par héritage du prince Théodoric-le-Jeune ou l'Insensé. Au dixième siècle, lorsque leur famille eut recouvré sa domination sur la Bourgogne et le palatinat d'Outre-Saône, Rombert, un de leurs puînés, fut apanagé du comté de Dijon, comprenant le pays d'Auxonne et la châtelainie de Mailly-sur-Saône, autrement dit Mailly-le-Châtel ou Mailly-sous-Dijon. Les successeurs de Rombert de Bourgogne, dénommé dès lors Rombert de Mailly, militèrent pendant plusieurs générations contre les premiers rois de la lignée capétienne, afin d'en obtenir, soit la rétrocession de l'Autunois, soit quelque transaction relative à leurs droits sur la Bourgogne ducale, et ce ne pouvait être qu'à titre d'héritiers du comte Otto-Guillaume, à qui Henri de France, duc de Bourgogne, son beau-père, avait assuré, par donation et ar serment, la totalité de ses possessions dans les anciens royaumes de Bourgogne et d'Arles. Les palatins de Franche-Bourgogne et les seconds dauphins de Viennois, les comtes d'Auxerre, de Mâcon et de Galice, les princes de Murcie, devenus rois de Castille, les comtes de Châlons, devenus princes d'Orange, et ceux de Dijon, sires de Mailly, également devenus princes d'Orange, en héritant de la maison de Châlons (1), descendent tous et directement d'Otto-Guillaume.

Rombert ou Humbert, deuxième du nom, fut dépossédé du comté de Dijon par le roi Robert-le-Pieux, alors que Wéderic de Mailly, son fils aîné, jouissait librement des châtelainies seigneuriales de Lille et de Saint-Omer. Il est à croire toutefois qu'Humbert avait abandonné ses droits et prétentions en Bourgogne à son frère Humbert III, car ce dernier fut réinstitué comte de Dijon par le roi Philippe Ier, en 1068. Les vastes domaines de Wéderic, appelés communément *Forestiers de Flandre*, constituèrent le grand fief de Mailly-le-Franc, et ceux d'Humbert III, la châtelainie de Mailly-sur-Saône. La postérité de ce dernier finit à la quatrième génération dans la personne de Garnier de Mailly, dit au *Grand chef.* Son père Etienne avait été dépouillé du comté de Dijon, pour avoir guerroyé contre le roi Philippe-Auguste; aussi Garnier se trouve-t-il seulement qualifié : *«Sire de Mailly-le-Châtel-au-Comte, et de Mailly-la-Ville, premier Ber de Bourgogne et protecteur advoué de l'église de Cisteaux.»*

____

(1) De toute cette filiation si nombreuse, il ne reste plus aujourd'hui que la maison de Mailly, celle de Lévis, et les ducs d'Ascoli-Castila-Miranda, qui sortent du roi de Castille Alphonse IX.

Le prince Wéderic, vainqueur du géant Phinar,
vit ses domaines s'agrandir de la seigneurie de St-
Pol et de l'advouerie d'Hasnez, pour avoir été ga-
rant et caution du roi de France Henri Ier, dans
un acte oblatif de l'an 1038. Son oncle, Baudouin
comte de Flandre, y paraît avec lui. Thierry, fils
de Gilles d'Harlebeck et petit-fils de Wéderic,
mourut en Palestine, laissant une fille nommée Ber-
trade, qui fut abbesse de Ste-Austrude, et qui ven-
dit son comté d'Harlebeck à l'empereur Baudouin,
en 1179. Anselme de Mailly, second fils de Wéderic,
était vicaire ou vicomte de Flandre, et tuteur de
Baudouin VI. Il était aussi maréchal, amiral et stat-
houder des pays d'Artois, de Hainaut, de Brabant,
des Ardennes et d'Ostrovant, pour la princesse
Richilde, dont il était le plus proche parent, et
c'est encore lui qui délégua le gouvernement de la
ville de Mons à son neveu Droyon, sire de Coucy,
et qui, dans une sortie faite contre l'armée fri-
sonne, fut tué sous les murs de Lille en 1070. La
haute origine de ses descendants ne saurait être
méconnue ni contestée, et Monstrelet lui-même
rapporte que ce fut Gillon de Mailly, le grand-fo-
restier, qui fut choisi pour présenter le principal
insigne d'honneur aux obsèques du dernier comte
de Flandre, et pour inhumer la couronne de ce
prince. Quant à l'affinité existante entre la race
impériale de Flandre et la maison de Mailly, elle
existait évidemment au quinzième siècle, car au

sacre de Charles VIII, Jean IV, sire de Mailly, remplit le grand office des anciens comtes de Flandre, et n'y fut précédé que par les trois ducs de Normandie, de Bourgogne et d'Aquitaine, représentés par le duc de Bourbon, le prince de Navarre et le sire de Beaujeu, beau-frère du roi. C'est d'Anselme de Mailly que sont provenues toutes les branches de cette famille établies féodalement en Picardie, en Artois, en Flandre, en Vermandois et en Normandie, et que sont sortis ces puissants barons de Mailly, si renommés dans les guerres saintes, et que les chancelleries françaises honoraient du titre de *cousins du roi.* Leurs bannières équivalaient, du reste, aux enseignes royales, et le subside qu'ils recevaient de la Couronne de France et des empereurs latins de Constantinople, était égal à celui du légat apostolique et des connétables de France et d'Orient. La branche des Mailly est particulièment illustrée par le vieux sire de Mailly, ce vaillant et vénérable délégué du pape Innocent III, de l'empereur Baudouin, comte de Flandre, auprès du roi Philippe-Auguste, et des empereurs d'Occident, Conrad III et Frédéric Ier.

Parmi ses rejetons les plus notables, nous citerons : Hue de Mailly, prince d'Ascalon, dit le *Preux Monchy* ; Mayeu de Mailly, grand-chambellan de France, à qui le frère de saint Louis fit élever un monument funéraire à Nicomédie ; Guy de Mailly, grand-prieur de France, son oncle André, maréchal de Saint-Jean, qui fut tué devant Damiette en 1218, et enfin le bienheureux Baudouin, comte de Tyr et précepteur de la milice du Temple, le troisième fils d'Albert de Mailly, sénéchal et vice-roi de Jérusalem en 1233.

On distingue également, dans cette branche, l'historien Thibaut, Jacques de Mailly, que les Sarrasins nommaient le saint Georges des Francs, et Jean II, surnommé l'*Estendart* de Mailly, pour la hauteur et l'éclat de ses faits d'armes. C'est le rameau de Mailly-Coucy qui a produit ces deux chevaliers, père et fils, singuliers champions qui furent élus pour aller marquer la frontière et déterminer, par un combat à mort contre deux seigneurs allemands, les limites de la France et de la Germanie. Nous signalerons, en dernier lieu, comme issus de la susdite branche : Ferry de Mailly, évêque d'Amiens, patriarche d'Antioche ; Robert de Mailly, grand-panetier de France en 1412, et Jean, son frère, évêque-comte de Noyon (pair de France au quatorzième siècle).

En fait d'illustration hors ligne, elle a produit en France, un régent du royaume, Colart, seigneur de Mailly, dont les descendants ont conservé la prérogative de sommer leurs armoiries d'une couronne à cinq fleurs de lys, comme les princes du sang royal. Ce privilége exclusif en faveur de la maison de Mailly, dans toutes ses branches, date de l'année 1408. C'est l'ancien régent

qui, à la tête de la noblesse de Picardie, succomba
à la désastreuse journée d'Azincourt, côte à côte
avec son fils aîné, son second fils, son gendre et
deux autres bannerets du nom de Mailly, ses col-
latéraux. En un mot, la bravoure est tellement in-
née dans cette maison, qu'à partir seulement du
onzième siècle, on pourrait citer, l'histoire à la
main, quarante-sept Mailly tués ou blessés mor-
tellement sur les champs de bataille.

La branche, en deuxième ligne, avait produit
les hauts-barons d'Orsignol et de Conti, dont l'héritage est entré plus tard dans la maison de France, et par succession desquels un rameau de la
branche de Bourbon-Condé a porté le titre de
prince de Conti, jusqu'à son extinction en 1807.
Ferry de Mailly, dit le *Brave Conti*, celui dont
Bayard voulut conduire et présider les funérailles
au siége de Milan, fut le dernier de cette ligne,
son fils unique ayant été tué sur la brèche, à l'as-
saut de Naples, en 1520. Le comte d'Agimont,
grand-maître de l'artillerie qui détruisit l'armée
castillane à Cérisoles, était le chef d'une autre ligne, éteinte en 1606, et parmi toutes celles qui
défaillirent avant le dix-huitième siècle, nous
mentionnerons les deux rameaux qui avaient
adopté les illustres noms de Coucy et de Lascaris,
par suite de leur alliance avec les héritières de ces
grandes races.

La troisième branche était celle des marquis de

Nesle, en cette qualité premiers marquis de France, et devenus successivement marquis de Mailly, de Montcavrel et d'Hocquincourt, souverains-princes de Lisle-sous-Montréal , de Baux , d'Arley, de Neufchâtel et d'Orange en Provence. Comme successeur du connétable Raoul de Nesle, ils avaient recueilli et réuni, par droit salique, environ deux mille seigneuries dominées par la Tour de Nesle, ou par le donjon de Mailly-le-Franc. Dans une branche collatérale , nous trouvons Jacques de Mailly qui fut, en 1664, général en chef de Casimir , roi de Pologne, et grand-duc de Lithuanie. Sa postérité, éteinte dans les mâles en 1693, existe encore en Pologne dans la personne de plusieurs gentilshommes descendant dudit Jacques par les femmes, notamment du comte Rogalinski.

Louis de Mailly, quatrième du nom , étant devenu le principal héritier des derniers princes de Châlons, fut admis à prendre possession de la principauté d'Orange , par arrêt du grand-conseil de Louis XIV, en 1708 , mais Louis XV annula cet arrêt par le fait de la réunion de cette souveraineté à celle de sa couronne. Il est vrai de dire, toutefois, que ce roi accorda quelques parties du territoire d'Orange à Louis-François de Bourbon , prince du sang royal et de Conti. En vertu de l'arrêt du grand-conseil de Versailles, en 1708, et malgré l'absorption de la principauté d'Orange au profit de la Couronne de France , les sires et marquis de Mailly n'en ont pas moins continué d'adjoindre ostensiblement la qualité de *princes* d'Orange au reste de leur titulature, le droit au maintien de cette qualification se trouvant suffisamment établi pour eux, depuis l'an 1353, par l'autorité de quatre jugements prononcés en cours souveraines, et par la prise de possession en 1709.

Louis V et Louis VI, marquis de Nesle et princes d'Orange, avaient eu pour oncle consanguin le cardinal François-Joseph de Mailly, d'abord chanoine et haut doyen de l'église cathédrale d'Orange, ensuite archevêque et primat d'Arles, prince de Mondragon, comte du Rhône, etc., etc., etc. Il devint ensuite archevêque de Reims, premier duc et pair de France, primat des Gaules-Belgiques et d'Austrasie, légat-né du Saint-Siége apostolique et conseiller-né des rois très chrétiens en tous leurs conseils. Le frère aîné de son Eminence, Victor-Auguste, évêque et seigneur de Lavaur, premier baron des Etats du Languedoc, etc., etc., ne voulut pas monter sur le grand siége métropolitain de Narbonne, et, quinze ans plus tard, il refusa la dignité d'archevêque de Bourges et patriarche d'Aquitaine. Il mourut en exerçant une de ses fonctions pastorales, et le pape Clément XII lui a décerné la plus belle qualification qui puisse illustrer la mémoire d'un prélat.

Louis-Augustin-Joseph, dernier chef de cette branche, premier marquis de France et grand-sénéchal héréditaire de Vermandois, comte de Châlons, prince d'Orange, etc., etc., etc., a laissé pour unique enfant Anne-Adélaïde de Mailly, mariée à Louis-Marie, prince de Ligne-Aremberg, dont la fille unique, Amélie-Julie, duchesse d'Aremberg, a épousé le prince Pie-Auguste-Henry de Bavière.

La quatrième ligne de la maison de Mailly, la seule existante aujourd'hui, est celle des comtes de Mailly-Rayneval, marquis d'Haucourt. Séparés de leur tige au XVIe siècle, leur branche avait fourni l'illustre rameau des marquis du Quesnoy, vicomtes d'Eps et d'Arennes, actuellement fondus dans la maison de Croy de Sobre et d'Havré. A la fin du siècle dernier, époque où défaillait la lignée masculine des marquis de Nesle, Augustin-Joseph, comte de Mailly-Rayneval en Picardie, marquis d'Haucourt, de Saint-Légier, de Saint-Michel, comte de Bailleul, baron de Ravensberg, maréchal de France et grand sénéchal de Ponthieu, grand bailli d'épée d'Abbeville, commandant pour le roi dans sa province de Roussillon, chevalier de ses ordres, commandeur héréditaire et souverain patron de la commanderie d'Haucourt en l'ordre de Saint-Jean-de-Jérusalem, chanoine d'honneur héréditaire de Perpignan, etc., etc., se trouvait appelé à l'héritage de Nesle, en vertu de la substitution graduelle et réciproque entre les chefs saliques de leur maison. Né le 5 avril 1708, il était entré au service en 1726. Après avoir passé rapidement les premiers grades, il fut successivement promu à ceux de brigadier de cavalerie en 1743, de maréchal-de-camp en 1745, de lieutenant-général en 1747, d'inspecteur-général de la cavalerie et des dragons deux ans après, et enfin, maréchal de France le 23 juin 1783. Il avait fait les campagnes de 1733 à 1735 sur le Rhin, celles de 1741 et 1742 en Westphalie et sur les frontières de la Bohême et de la Bavière, et s'était particulièrement distingué à la prise des lignes de Weissembourg, au siége de Fribourg, à la bataille de Fontenoy, à celle de Plaisance, au passage du Pô, à la défense du Var, à la conquête du comté de Nice, à la bataille d'Hastenbeck ainsi qu'à celle de Rossbach, où il fut blessé et fait prisonnier.

Echangé en 1759, il continua de servir en Allemagne, fut nommé chevalier des ordres du roi et chargé de la défense des côtes de France pendant la guerre de l'indépendance d'Amérique. Il s'acquitta avec honneur de cette mission, et c'est à lui qu'on dut le rétablissement de Port-Vendres en Roussillon. En 1790, appelé par Louis XVI au commandement de l'une des quatre armées décrétées par l'Assemblée nationale, il donna sa démission aussitôt qu'il connut le départ du roi et de sa famille. L'année suivante, quoique âgé de 84 ans, il vole au secours du roi, attaqué dans les Tuileries, et échappe comme par miracle au massacre général des royalistes qui furent pris les armes à la main. S'étant réfugié à Moreuil, en Picardie, il fut arrêté le 26 septembre 1793, conduit dans les prisons d'Arras, et décapité le 25 mars 1794. Le vieux maréchal monta sur l'échafaud avec le sang-froid qu'il avait montré sur les champs de bataille et s'écria d'une voix forte : « Je meurs fidèle à mon roi, comme l'ont toujours été mes ancêtres. *Vive le roi !*

Le maréchal de Mailly, veuf en premier lit de Constance Colbert de Torcy, dont il n'eut que des filles, épousa en second, Marie-Michelle de Séricourt d'Esclainvilliers, dont il eut Louis-Marie, né en 1744 et créé duc de Mailly par brevet du 2 février 1777, successivement capitaine-lieute-

nant des gendarmes écossais, gouverneur d'Abbeville, mestre de camp du régiment royal de Pologne,
brigadier de cavalerie et maréchal-de-camp, mourut en 1794, n'ayant eu de Marie-Jeanne de Tal-
leyrand-Périgord, qui fut dame d'atours de la
reine, que deux enfants morts au berceau.

A la mort de l'honorable duc, M. Adrien-
Amalric-Augustin, comte de Mailly-Rayneval, fils
puîné du maréchal Augustin-Joseph et de Blan-
che-Marie-Félicité de Narbonne-Pelet, s'est trouvé
le seul représentant des trois branches substituées
l'une à l'autre en 1699, et le seul héritier mâle de
tous les titres de cette famille.

Né le 19 février 1792, à Paris, M. le comte de
Mailly, qui fait l'objet principal de cette notice,
fut envoyé par Napoléon à l'école militaire de Saint-
Cyr, d'où il passa à celle de Saint-Germain. Nommé sous-lieutenant au 2ᵉ régiment de carabiniers
en 1811, il fit avec distinction la campagne de
Russie, pendant laquelle il fut détaché auprès du
général Durosnel, aide-de-camp de l'empereur,
qui avait été appelé aux fonctions d'aide-major
général de cavalerie, et qui exerça pendant quelques jours celles de gouverneur de Moscou. D'a-
près les ordres de son chef, M. le comte de Mailly
chercha, par tous les moyens imaginables et sou-
vent au péril de sa vie, à sauver cette ville de
l'incendie qui y éclata tout à coup, et qui fut le
signal de cette sanglante retraite qui coûta tant de
sang à la France. Rentré à son corps, M. le comte
de Mailly fut blessé le 18 octobre d'une balle à la
poitrine, sur la route de Kalouga. Il suivait avec
peine l'armée en retraite, lorsque Napoléon donna
l'ordre de le faire mettre dans une de ses propres ca-

lèches; mais les moyens de transport manquant de plus en plus, M. de Mailly fut contraint d'achever la route sur un des chevaux de l'empereur. A sa rentrée en France, il ne put prendre part, à cause de sa blessure, à la campagne qui décida du sort du gouvernement impérial; néanmoins, il remplit dignement son service auprès du général Durosnel et plus tard du duc de Feltre, comme aide-de-camp.

Délié de son serment de fidélité par suite de l'abdication de Fontainebleau, M. le comte de Mailly accepta avec empressement et reconnaissance les fonctions d'aide-de-camp auprès du duc de Berry. Nommé officier de la Légion-d'Honneur le 29 juillet 1814, il était déjà chevalier de cet ordre depuis 1813 et chevalier de Malte dès son berceau, par une prérogative toute naturelle et bien légitime accordée à sa famille. Le 20 mars 1815 il s'apprêtait à suivre la famille royale à Gand, lorsque le prince auquel il était attaché lui intima l'ordre de rester en France, où il pourrait servir plus efficacement la cause des Bourbons.

A la seconde restauration, M. le comte de Mailly, reprit son service auprès du duc de Berry, et fut, malgré son extrême jeunesse, créé pair de France, le 17 août 1815. Sa modestie l'empêcha d'abord de croire à la réalité de cet honneur, mais le lendemain même, le roi Louis XVIII l'apercevant aux Tuileries, lui dit avec une grâce charmante : « Monsieur de Mailly, vous ne voulez donc pas croire que ce soit vous que j'ai nommé pair?... Je vous prie d'être persuadé que, jusqu'à ce qu'il vous ait plu de nous donner des enfants, il ne peut y avoir d'autre Mailly que vous qui soit pair de France. »

Nommé aide-de-camp du duc de Bordeaux, après la mort du duc de Berry. M. le comte de Mailly fut promu au grade de lieutenant-colonel le 22 janvier 1824.

A la chambre des Pairs, l'honorable comte s'est signalé autant par son dévoûment à la famille royale que par son attachement à la Charte et aux institutions constitutionnelles. Ayant donné sa démission de pair de France, lors de la révolution de juillet 1830, pour ne pas prêter un serment contraire à sa conscience, il est rentré, dès lors dans la vie privée. En 1827, il a présidé le collége électoral du Mans, et en 1830, le grand collége électoral du département de la Sarthe.

Inépuisable dans ses bontés, M. le comte de Mailly a rempli les fonctions de maire de la commune de Pontvallain, chef-lieu de canton, et pendant sa gestion, il a rétabli, en grande partie à ses frais, l'église incendiée dans les guerres de la Vendée, fait construire un hôtel-de-ville, une caserne de gendarmerie, et faisait élever un édifice destiné aux malades et à l'instruction des pauvres enfants, en 1830, lorsque la révolution est venue arrêter cette pieuse entreprise. Nous ne saurions douter pourtant qu'un si louable projet ne se termine un jour sous l'instigation de l'honorable comte qui l'a conçu.

En sa qualité de membre du conseil général de la Sarthe, M. le comte de Mailly a décidé, par de fortes avances ou donations, l'exécution d'une route départementale entre le Havre et Saumur, par Le Mans et Pontvallain, et quelques autres non moins fréquentées.

M. le comte de Mailly a fait construire, dans sa

terre du Maine, un château dont l'architecture est du moyen-âge ; ce château est aussi remarquable par l'élégance et la richesse de son style que par la grandeur de ses proportions.

Marié à demoiselle Henriette-Eugénie de Lonlay, fille d'Alexandre-François de Lonlay, marquis de Villepail et seigneur de la Noé, Mondragon du Maine, etc., etc., il en a eu six enfants, savoir :

Ferry-Paul-Alexandre, marquis de Nesle, né le 5 décembre 1821 ;

Raymonde-Marie Aliénor, née le 4 août 1825 ;

René-Antoine-Anselme, comte de Mailly-Rayneval, né le 21 mars 1827 ;

Adrienne-Stanislas-Léontine, née le 7 février 1829 ;

Henriette-Victorine-Marie-Amanda, née le 17 mars 1832 ;

Arnoldine-Marie-Pauline, née le 19 août 1834.

L'histoire de cette nombreuse et illustre famille, qui formerait à elle seule plusieurs volumes, nous dit assez, quoique fortement abrégée, la reconnaissance que la France doit à ces anciens preux, et nous montre suffisamment que cette belle maxime : « Noblesse oblige » n'a jamais été vaine pour l'admirable maison de Mailly.

TISSEROY,

Directeur en chef de la Revue.

Paris. — Imp. de Mme de Lacombe, rue d'Enghien, 14.